Moda en la actualidad

Tabla de contenidos

Capítulo 6:

Manténgase dentro de su presupuesto de ropa

Conclusión

A muchas personas, especialmente a las mujeres, les encanta la ropa elegante y de moda.

Sin embargo, mantenerse al día con todas las tendencias de la moda puede resultar muy costoso.

esfuerzo. Esto se debe principalmente a que las prendas de vestir más de moda

suelen ser los más caros. Además, las tendencias de la moda tienden a cambiar

muy rápidamente. Debido a esto, muchas personas gastan grandes cantidades de dinero

en su atuendo.

Las piezas de calidad pueden ser realmente caras y siempre aparecen nuevas tendencias en el

mercado. Sin embargo, no significa que no puedas lucir genial si no

tener suficiente dinero para gastar en esa ropa tan cara. Usted puede

Cíñete siempre a tu presupuesto sin dejar de estar a la moda y a la última moda.

La clave principal es tomar las decisiones correctas.

Este libro está dirigido a todos los hombres y mujeres que deseen convertirse en

con estilo, construye su guardarropa y obtén los mejores artículos de moda en el mercado sin gastar demasiado. Todos queremos lucir hermosos y

de moda y este libro puede ser de gran ayuda para lograrlo.

En esta economía tan difícil, todas las personas deben aprender a ahorrar

dinero. La buena noticia es que hay muchas formas diferentes y económicas de

sigue siendo elegante y moderno. Siempre puedes acentuar tu belleza y

revela tu lado de moda sin gastar demasiado.

Moda en la actualidad

Capítulo 1:

Conceptos básicos de moda económicos

Sinopsis

Dicen que la moda es la prioridad de toda mujer y ella no se olvida

moda incluso durante las peores condiciones. Sin embargo, tenga en cuenta que hay muchas

de hombres que son tan conscientes de la moda como las mujeres. De hecho, siendo

la moda no es algo malo. Esto lo mantiene actualizado y dado que todos tener un lado de la moda, esto nos permite revelarlo y sacar lo mejor de nuestra

apariencia.

Sin embargo, se convierte en pecado una vez que empezamos a seguir todas las tendencias de la moda.

sin tener en cuenta nuestra situación financiera. En estas duras condiciones económicas

días, todos tenemos que ser prácticos y tomar decisiones informadas cuando se trata de

a gastar nuestro dinero.

Mantener el estilo y ahorrar dinero puede ir de la mano. Esto es ahora

posible para nosotros construir el
mejor guardarropa con prendas de
moda,

bolsos y zapatos sin gastar grandes
cantidades de dinero. ¿Cómo? Nos
deja

tener un conocimiento profundo de
la moda económica

Lo esencial

La moda es una definición que se aplica a todas las cosas que usa la gente,

pero la ropa es hoy en día el principal producto de moda. La gente, especialmente

las mujeres de todo el mundo están dando gran importancia a las últimas

tendencias de la moda, que a menudo son establecidas por celebridades, íconos públicos y por otros

Gente popular. Pero antes de profundizar en eso, primero comprendamos el

significado real de la moda.

Definición de moda

Moda es un término que no solo
define lo más popular o lo último

ropa. De hecho, tal fenómeno social
reviste mayor importancia. En

De muchas maneras, la moda ayuda a
las personas a mostrar quiénes son y
a representar sus

personalidad a través de la
presentación visual. En la forma en
que elegimos nuestro atuendo,

estamos mostrando nuestra actitud
hacia otras personas y hacia el
mundo. La moda también es un

forma de comunicación.

Ponemos algo de nuestra personalidad única en todo: lo que comemos,

cómo reaccionamos o nos comportamos en diversas situaciones y qué estilo de ropa

Seleccione. Cada parte construye la corriente principal de la moda.

Moda con poco presupuesto

Con los programas de cambio de imagen en la televisión, productos de belleza innovadores, nuevos cosméticos antienvejecimiento, así como la obsesión general por mantenerse bella y

joven, no es de extrañar que muchas personas estén dispuestas a gastar grandes fortunas en procedimientos y productos para sentirse y verse más joven.

Pero tenga en cuenta que no necesita romper el banco solo para sentir y

verse mejor. Hay muchas ideas de moda económicas que puedes

Considere siempre volverse físicamente atractivo y elegante sin

gastando demasiado.

Céntrate más en los clásicos

Después de conocer la definición de moda, sabe que mantenerse al día es

no se trata solo de comprar las colecciones más nuevas. Si quieres quedarte

de moda sin sacrificar su
presupuesto, su guardarropa debe
consistir en

hasta el setenta por ciento de los
clásicos y solo el treinta por ciento de
los de moda

ropa.

Puede que te sorprenda la idea, pero
si entiendes la filosofía

detrás de él, entonces sabrá que
tiene sentido. Lo imprescindible en
clásicos como

faldas blancas, vestidos negros, jeans,
elegantes pantalones negros y otros
clásicos

en colores clásicos se pueden usar
durante muchos años y no se verán

fuera de plazo. Los clásicos también se ven maravillosos con las últimas piezas, lo que te permite

para lucir bella y a la moda con solo algunas piezas de los últimos artículos.

Preste más atención a los detalles

Una de las formas más fáciles y probablemente menos costosas de buscar siempre

elegante es coleccionar diferentes accesorios como cinturones, bolsos, sombreros, bufandas,

joyas y otros porque estos pueden darle a cualquiera de tus atuendos un instante

declaración de moda. Por supuesto,
la clave es evitar comprar esas
marcas de lujo.

porque pueden costar una pequeña
fortuna.

Sepa dónde comprar

No es fácil encontrar artículos de
moda a un precio muy asequible,
pero con

un poco de paciencia, siempre es
posible encontrar ropa de moda sin

romper el banco. Hay muchas tiendas
en Nueva York que ofrecen
excelentes

descuentos y cupones de los que
puede beneficiarse. Solo tómate un
tiempo para

visite sus tiendas locales.

Si crees que siempre necesitas mucho dinero para ponerte de moda,

¡piensa otra vez! Siempre puedes optar por la moda económica yendo a la economía.

tiendas, comprando artículos usados o antiguos que aún están en excelentes condiciones o

aprovechando al máximo las grandes ofertas y descuentos que ofrecen las tiendas.

Necesita ser más práctico en estos días y tener cuidado al hacer

decisiones, especialmente cuando se trata de dinero.

Empiece a maximizar su guardarropa. Paga menos por tu moda mientras te quedas elegante.

Capítulo 2:

Encontrar ropa barata de moda en Nueva York

Sinopsis

Nueva York no es realmente conocida como un lugar asequible para muchos.

compradores. Sin embargo, eso no significa que deba vaciar su

cuenta bancaria solo para comprar en esta ciudad.

De hecho, Nueva York es una gran
ciudad que ofrece un poco de todo e
incluso

aunque no está lleno de tiendas que
ofrezcan ropa barata de moda,
también

ofrece muchas alternativas
asequibles para muchos compradores
que están en un

presupuesto. Desde joyas hechas a
mano con descuento hasta
diseñadores asequibles

ropa, Nueva York es el hogar de
ofertas muy impresionantes.

Entonces, ya sea que viva en Nueva
York o visite la ciudad, ya sea por

negocios o placer, sin duda puede encontrar la mejor ropa asequible que desee.

sin duda amará. Realice un viaje de compras económico y comience a renovar su

armario con ropa de moda a precios muy asequibles en Nueva York

Ciudad.

Dónde encontrar ropa barata y de moda en Nueva York

La ciudad de Nueva York ofrece una amplia gama de tiendas que ofrecen moda pero muy

artículos asequibles que sin duda te encantarán.

Ir a St. Marks Place

Situado entre la Avenida A en la Calle
Ocho y la Tercera Avenida, St. Marks

Place le permitirá encontrar una gran
variedad de productos baratos,
especialmente

ropa asequible. Desde vestidos, tops,
camisetas hasta pantalones y más,
usted

Puede mostrar ropa maravillosa a un
precio alto y razonable. Cuando
navegas por un

pocas tiendas, puede encontrar
productos aún más asequibles en la
ciudad.

souvenirs y camisetas.

Recoja los obsequios asequibles en
Chinatown

Chinatown en la ciudad de Nueva
York es un área perfecta donde
puedes encontrar ropa en

precios de ganga. También puede
comprar recuerdos para llevar a casa
a sus familias.

y amigos.

Aproveche las tiendas de diseñadores
de Nueva York

Consigue ropa de calidad con un gran
descuento en algunos de los
diseñadores.

puntos de venta en Nueva York. Estas
tiendas son un sueño para todos los
compradores que están en un

presupuesto, con grandes descuentos
de hasta el setenta por ciento en
aquellos

elegantes marcas de diseñadores.

La ventaja de Brooklyn

Si está buscando un lugar perfecto en Nueva York donde pueda encontrar una amplia

variedad de tiendas que ofrecen ropa asequible, Brooklyn es el mejor lugar para

Vamos. Las calles son más amplias en Brooklyn y los precios de la ropa suelen ser más bajos.

El lugar también está lleno de ropa única y barata tanto para hombres como para mujeres.

de todas las edades.

Ahorre efectivo en ropa usada en consignación y reventa de la ciudad

Tiendas

Muchos vestidos elegantes, ropa de
calidad y ropa elegante que se usa
solo una vez por

los amantes de la moda en
Manhattan suelen terminar en
tiendas de reventa a la mitad de sus

costo original o incluso menos.
Puedes encontrar muchas tiendas
que también tienen sus

tiendas online para que te resulte
más fácil localizar la mejor ropa que
se adapte a tus necesidades

tu estilo a un precio muy asequible.

Nueva York es una ciudad maravillosa
visitada por mucha gente de todas
partes del

mundo. Si cree que solo puede encontrar ropa y mercadería costosas en

la ciudad, entonces definitivamente estás equivocado. Da un paseo y seguro que puedes

encontrar las tiendas y los centros comerciales adecuados que ofrezcan ropa de calidad y de moda

a un precio que siempre puede pagar.

Ya sea que esté buscando vestidos de moda o pantalones y tops baratos,

La ciudad de Nueva York es un gran destino de compras si sabe dónde ir.

Capítulo 3:

Uso de las ventas de muestras de ropa

Sinopsis

¿Quieres ahorrar una gran cantidad de dinero en tu guardarropa sin realmente

comprometer el estilo? Si es así, siempre puedes beneficiarte de la ropa.

ventas de muestra. También puede usar ropa de diseñador sin romper el

Banco.

Las ventas de muestras pueden ser una gran oportunidad para encontrar grandes ofertas.

de los mejores diseñadores. Ahora puedes lucir ropa de la mejor calidad, conviértete

más hermoso y elegante al mismo tiempo que ahorra cantidades considerables de efectivo.

Sin embargo, hay algunas cosas importantes a tener en cuenta antes de usar

venta de muestras de ropa.

Consideraciones importantes antes de usar las ventas de muestras de ropa

De hecho, utilizar las ventas de muestras de ropa es una de las mejores formas de encontrar productos de moda.

ropa muy asequible. Sin embargo,
antes de aprovechar la muestra

ventas, hay cosas esenciales que
debes tener en cuenta.

Compra temprano

Si desea tener la mejor ropa para
elegir, compre temprano. Ve a la

ubicación temprano en la mañana el
primer día de la venta. ¿Alguna vez
has oído hablar del

famoso dicho "El que madruga atrapa
al gusano". Esto también puede ser
cierto cuando

compras y si desea aprovechar al
máximo las ventas de muestra. A
medida que avanza el día

en adelante, los mejores artículos seguramente ya se seleccionarán y, por lo general, los mejores.

las ofertas de productos desaparecerán, ya que los descuentos a menudo aumentan a medida que la venta

se acerca el día. Las ventas de muestras suelen ser la forma en que los fabricantes se deshacen

de cualquier exceso de inventario y la mayoría de ellos no quieren que les quede producto

cuando la venta haya terminado.

Revise cuidadosamente los artículos antes de comprar

Cuando se trata de ventas de muestras, todo es definitivo y no puede devolver

el objeto. Por lo tanto, si encuentra un agujero en la ropa después de haber

pagado, la ropa y el agujero son en realidad tuyos. Puede haber algunos

trabajos de reparación que puede hacer por su cuenta, como reemplazar los botones,

reparando cremalleras y arreglando dobladillos, pero siempre es mejor pagar cerca

atención a la ropa antes de comprar.

Conozca el momento

Si desea obtener la mejor oferta en ropa a través de ventas de muestra, realmente

tiene que ser estratégico en lo que respecta a la sincronización. Por lo general, puede guardar un

adicional de diez a veinte por ciento cuando compra en las últimas horas de muestra

Ventas. En línea, también puede encontrar los grandes ahorros en las ventas que están etiquetados

"Reventón" o "final", que a menudo ayudan en diferentes momentos durante todo el año

y están separados de una venta diaria regular.

Si vives en grandes ciudades, como Nueva York, las ventas de muestras de ropa pueden ser una

mina de oro de hallazgos asequibles de ropa de diseñador. También hay algunas tiendas

y boutiques en la ciudad que ofrecen muestras de ventas que le permitirán obtener

un agarre de ropa de moda sin lastimar su bolsillo.

Si desea aprovechar al máximo las ventas de muestras de ropa, debe saber dónde

te vas Puede traer diferentes direcciones para ventas de muestra, pero tenga en cuenta que suelen estar en almacenes y edificios de oficinas. Más a menudo, hay

Tampoco hay señales en el exterior que indiquen que la venta está en curso.

Usar las ventas de muestras de ropa es una de las formas más excelentes de ahorrar dinero

sin perder estilo. Ahora, ¿quién dice que necesitas mucho dinero para convertirte en

¿elegante? Solo recuerde los consejos antes mencionados y seguramente podrá obtener el

las mejores ofertas que siempre has querido.

Capítulo 4:

Encontrar zapatos económicos

Sinopsis

Ya sea que desee zapatillas para correr, zapatos planos, tacones de aguja o zapatos de cuero y más,

a menudo desea obtener la mejor oferta en ellos. Ciertamente, los zapatos pueden o pueden

no ser la parte más esencial de su conjunto, pero siempre pueden ser la

la parte más crucial de tu atuendo. Puede estar usando un vestido elegante o un

esmoquin formal, pero si estás usando zapatos feos y aburridos, todo es para nada.

El problema es que los zapatos bonitos y elegantes suelen ser demasiado caros. También puede

Será muy difícil encontrar zapatos hermosos y de diseño a un precio asequible.

porque tienden a ser más caros que otros zapatos menos costosos.

Entonces, ¿dónde puedes encontrar zapatos económicos que sean de gran calidad? Bien,

tienes que hacer tu investigación.

Si desea aprovechar al máximo su inversión, tengamos una idea más clara

comprensión de algunas cosas
esenciales que debe saber para
obtener

los mejores zapatos, pero muy
asequibles.

Encontrar zapatos de calidad a precios asequibles

Algunos de nosotros podríamos
haber tenido algunas ocasiones en las
que queríamos o necesitábamos
dinero barato

zapatos y barato, significa asequible.
Si sabes que los zapatos

no se desgastará mucho, el dinero es
escaso o solo necesita un par
perfecto para

un evento específico, hay ocasiones en las que los zapatos baratos son sin duda

La entrada.

Si sabe que necesita zapatos baratos o quiere unos asequibles, hay

son algunos lugares excelentes que ofrecen grandes ofertas en calidad y elegancia.

Zapatos.

Las tiendas de segunda mano

Encontrar tiendas de segunda mano puede requerir un poco más de trabajo que hacerlo en línea.

investigación, pero lo ayudará a obtener las mejores ofertas que desee en alta calidad zapatos en el mercado. La clave es saber dónde ahorrar y determinar

cómo detectar artículos de calidad real.

Casas con descuento en línea

También hay muchos sitios web de descuentos en línea que ofrecen una amplia gama de

zapatos, tanto de hombre como de mujer a precios muy asequibles. Cualquiera puede

sin duda reducirá el treinta por ciento o incluso más una vez que se registre en su

Boletín informativo. Algunos sitios web no requieren suscripciones al boletín. Solo haz tu

propia búsqueda web y sin duda
puede encontrar la casa de descuento
adecuada en

La web. Algunos de ellos también
lanzan varios cupones todos los días.

Minoristas en línea confiables

La World Wide Web ofrece
excelentes oportunidades para
muchos compradores.

buscando artículos asequibles. Si
quieres obtener los mejores
descuentos en

zapatos, busque en la web y
encuentre el minorista en línea
adecuado que pueda satisfacer sus

necesidades. La mayoría de las
tiendas y minoristas en línea ofrecen

descuentos por errores durante las vacaciones

estaciones. Te permitirá comprar cualquier tipo de calzado que quieras, desde sandalias,

zapatos planos, stilettos para mujer y calzado de piel, calzado deportivo para hombre y más.

Sin embargo, si piensa en comprar cualquier producto en línea, asegúrese de

consulte con ellos antes de comprar cualquier cosa, ya que normalmente le proporcionarán

garantías de igualación de precios. Solo asegúrese de comprar solo en el lugar más confiable minoristas en línea. Sus productos están categorizados para hacer la compra.

experiencia más conveniente y fácil para usted. Tienen una amplia gama de

zapatos de moda y el precio siempre es el correcto.

Otras excelentes opciones a considerar

Ya sea para mujeres y hombres o para niños y niñas, siempre puede descubrir

Valor inigualable para toda la familia. Puede explorar las autorizaciones y obtener el mejor calzado económico, pero de gran calidad. También puede comprar ventas en

para encontrar grandes marcas a precios muy reducidos.

Cómo ahorrar dinero en zapatos

Ya sea que considere los zapatos como una necesidad o crea que tener el

los últimos estilos de diseñadores son importantes, siempre hay muchas formas de ahorrar

grandes cantidades de dinero a la hora de comprar zapatos.

El paso inicial para recortar su presupuesto de calzado es comprar solo los zapatos que desee.

realmente necesita o el calzado del que obtendrá una buena cantidad de uso. Si

te enfocas en lo que realmente funciona para ti, para tu estilo de vida y vestuario,

entonces nunca te sentirás culpable la próxima vez que gastes tu dinero en un

par de zapatos que amas.

Comprar zapatos fuera de temporada

Otro truco para ahorrar dinero en zapatos es comprar calzado al final del

temporada. Las deslumbrantes sandalias que son caras o de precio completo en junio o mayo sin duda se rebajará en unos pocos meses. Solo ten paciencia porque

Cuanto más espere, más asequibles serán, pero debe

asegúrese de no perderse el tamaño y el estilo que desea.

Opte por los estilos de zapatos clásicos

A menos que obtenga un par de zapatos de moda para un número especial, busque

los estilos correctos que siempre se verán mejor independientemente de la nueva tendencia en

moda que traerá el mañana.

Las ventas de calzado

Muchas tiendas de zapatos locales y en línea ofrecen programas de recompensa, avance

aviso de grandes rebajas y cupones de zapatos. Si quieres estar al tanto de

todo y ahorre mucho dinero, tanto localmente como en línea, regístrese para

boletines informativos. Las zapaterías y los diseñadores realizan rebajas con regularidad. Tú siempre

recibir notificaciones y alertas si se suscribe a los boletines informativos.

Capítulo 5:

Comprar usado

Sinopsis

Es la naturaleza humana buscar la belleza. Casi nadie, especialmente las mujeres, puede

en realidad, resiste la tentación de las cosas bellas. Sin embargo, si eres rico

con buenos ingresos, probablemente nunca te preocupes por

dinero.

Es inevitable que las personas consideren si pueden pagar un producto o

no. Con los diferentes tipos de moda de hoy, ciertamente hay muchas

cosa que te gustaría mucho. Pero si
no tienes suficiente dinero,

podría simplemente olvidarse de
tenerlo.

Bueno, la buena noticia es que
siempre es posible obtener elegantes

y artículos elegantes pero muy
asequibles que te encantarán. La
clave es

compre artículos usados que aún
sean de alta calidad.

Ahora puede mantenerse a la moda
sin arruinarse. Esto es ahora

posible que usted cree su propio
estilo único sin gastar grandes

cantidades de dinero. Aprovechando al máximo la ropa y los artículos usados,

ciertamente puede obtener los artículos correctos que desea a un precio que siempre puede pagar.

¿Por qué comprar artículos usados?

Comprar artículos usados es en realidad menos costoso que las nuevas alternativas.

A veces, estos productos pueden ser un 90 por ciento más baratos, pero en general,

son solo un cincuenta por ciento más baratos que los nuevos. Si quieres comprar diferentes artículos de moda dentro del presupuesto, siempre es posible con artículos usados

que puedes encontrar hoy.

Además de permitirle ahorrar grandes cantidades de dinero, comprar usados

Los productos también pueden ser muy ventajosos de muchas formas diferentes, tales como:

Experimente la emoción y la diversión de la caza

Estás negociando con lo desconocido en tiendas de segunda mano. Revolviendo ventas y recorriendo los mercados de pulgas hasta que encuentre esos artículos imprescindibles a un precio muy alto.

precio inmejorable que realmente
puede ser estimulante. Con esto,
comprando usado

artículos es mucho más emocionante
y gratificante de tal manera que el
comercio minorista

ir de compras nunca podría serlo.

Te permite volverte verde

La compra de productos usados
reduce las demandas de fabricación.
Más que

eso, mantiene más mercadería y
artículos fuera del relleno sanitario. Si
usted es

***preocupado por el medio ambiente y
desea reducir su ecológico***

huella mientras obtiene el máximo de artículos de la mejor calidad, pero baratos en el

mercado, comprar productos usados es lo mejor que puede hacer.

Obtenga productos de marca a la mitad de sus precios originales

Si eres alguien que adora la etiqueta y te encanta comprar diseñador

ropa, zapatos y bolsos, entonces es más probable que encuentre muchos usados,

ropa de marca, zapatos y otros artículos de moda que desee. Es

siempre es una manera maravillosa de satisfacer sus requisitos de estilo mientras ayuda a la

medio ambiente y ahorrando grandes
cantidades de efectivo.

Nuevos productos llegan todos los días

Muchas tiendas de consignación
reciben donaciones todos los días.
Esto significa que

su búsqueda de diferentes artículos
únicos es siempre fresca y nueva.
Usted será

más motivado para ir a la tienda
todos los días porque sabes que hay

Siempre artículos nuevos que puedan
ser adecuados para ti. Si no puede
encontrar lo que busca

está buscando, lo más probable es
que esté disponible en solo un par de
días.

Los artículos usados no tienen embalaje

Cada vez que compra un producto nuevo en el mercado, siempre llega

con algún tipo de embalaje: una caja de cartón, envoltura retráctil, plástico duro

carcasa, poliestireno y otros. Esos materiales de embalaje, junto con el

artículo real, utiliza recursos y energía para crear. Además, puede ser bastante

desalentador encontrar un medio eficaz para reciclar el embalaje. También puede ser

molesto tenerlos desechados. Si compra productos usados de una compre en su área local, no es necesario que se ocupe de ningún embalaje.

Dado que las compras son una parte vital de esta economía impulsada por el consumidor, puede ser

muy beneficioso para disfrutar en cualquier tienda de segunda mano. ***Esto también puede ayudar***

salvar el medio ambiente y promover la economía mientras satisface su

demandas de artículos y ropa únicos sin dañar su bolsillo.

Ahora, ¿quién dice mantenerse al día con las tendencias y estar siempre a la moda?

significa gastar demasiado dinero. Siempre puedes guardar notables cantidades de dinero en efectivo mientras te das un cambio de imagen de moda total. Todo

es necesario navegar por la web o visitar sus tiendas locales y determinar

¿Cuáles de esas tiendas ofrecen artículos usados que aún están en perfecto estado?

Ser fusionista no significa elegir los zapatos, bolsos,

ropa, bisutería, complementos y más. Si sabes que hacer y donde

encontrar las tiendas adecuadas que ofrezcan grandes descuentos, rebajas y artículos usados que sean

aún de gran calidad, entonces puede ser elegante todo el tiempo.

Capítulo 6:

Manténgase dentro de su presupuesto de ropa

Sinopsis

Con la gran cantidad de diferentes artículos de moda y de moda en

el mercado en estos días, a veces, solo quieres comprar todo lo que encuentres

hermosa y eso funcionará para ti. Es posible que desee saltar de una tienda

a otro para conseguir las cosas que quieres.

Pero ya ha reservado un presupuesto de ropa y eso no importa qué

Sucede, sus gastos de compra de ropa serán de acuerdo con un

presupuesto. Sin embargo, cuando estás dentro de la tienda y encuentras muchos

diferentes prendas y vestidos hermosos que sabes que te quedarán geniales,

comprar con un presupuesto limitado puede ser un gran desafío.

De hecho, puede resultar abrumador y difícil pegarse a la ropa.

presupuesto si encuentras artículos geniales en la tienda. ¡No rendirse nunca! Puede tomar algo

tiempo para que establezca un plan que funcione para usted, pero que se pueda lograr.

Trabajemos juntos para poner fin a su comportamiento de compra excesiva.

Las mejores formas de mantenerse dentro de su presupuesto

Utilice una estrategia reflexiva y ponga fin a sus formas constantes de búsqueda de gangas y de compra excesiva.

Piense en el panorama general

El punto principal del presupuesto es en realidad mantenerlo fuera de cualquier

abrumadora deuda y lo ayudará a establecer un futuro financiero que

proporcionarle más libertad. Por tanto, si estás frente a grandes

productos con descuento, piense en
lo que sucederá mañana si

gastar demasiado. Recuerde ceñirse a
su presupuesto para evitar lo
negativo

consecuencias de la sobrecompra.

Siempre use solo efectivo

El uso de efectivo le hará pensar en la
cantidad total de efectivo que

están a punto de gastar. Sin embargo,
deslizar una tarjeta de crédito o
débito es diferente. Eso

no se siente tan real. Trate de usar
dinero en efectivo exclusivamente
para su ropa. Cuando el

el dinero se ha ido, o cuando se quede sin efectivo, tendrá que esperar hasta que

comienza el próximo ciclo presupuestario. El efectivo realmente le enseñará a cualquiera el poder esencial

de autodisciplina y autorregulación.

Piense en una evaluación periódica del presupuesto

Puede ser difícil predecir la cantidad total de dinero que necesitará en cada

aspecto de la vida: su nuevo trabajo puede requerir que haga un cambio en su

guardarropa y su presupuesto para la
ropa. Por lo tanto, es muy importante
tener

un control regular sobre la forma en
que ha creado su presupuesto de
ropa. Si usted

descubra que no funciona, luego
modifíquelo o cámbielo, es su propio
presupuesto

después de todo. Solo necesita
asegurarse de recordar sus finanzas a
largo plazo.

metas.

Piense en lo que ya tiene

Haz una evaluación de las cosas que
ya tienes. Saca cosas de

tus cajones y armario y pasa tiempo
jugando a disfrazarte. Es todo

¿necesario? ¿Realmente tienes que
usar esos artículos? Puedes donar
cualquier

ropa que no te queda o de las que ya
no te sientan bien. Separar

los elementos que necesitan
reparaciones.

Determine sus conceptos básicos

Es posible que haya identificado los
artículos o la ropa que necesita su
guardarropa.

como un vestido negro, un botón en
color blanco, un par de pantalones
negros y

otros. En realidad, es una idea inteligente, pero recuerde que cada individuo

Los "conceptos básicos" son diferentes. Ya sean faldas lápiz y vestidos florales o jeans,

tienes que determinar los elementos correctos que utilizas día tras día. Invertir en

Versiones de gran calidad de esos artículos.

Crear una lista

Si desea mantenerse dentro de su presupuesto al comprar ropa, cree un

lista de prendas de vestir que le faltan a su guardarropa. Llévalo contigo

siempre que compre y se permita
comprar cualquier cosa de esa lista
en cualquier

hora. Lleve siempre la lista consigo
para recordarse a sí mismo cada vez
que salga

que esa es la ropa o los artículos que
decidió que necesitaba.

Elimina las opciones que te permiten
engañar a tu

Presupuesto de ropa

Uno de sus mayores enemigos
cuando intenta mantenerse dentro
de su presupuesto es

disponibilidad, si tiene diferentes
recursos a mano, seguramente

sienta la tentación de comprar
cualquier cosa que encuentre en las
tiendas. Para resolver el

problema, debe dejar de llevar sus
tarjetas de crédito o cancelarlas. Tú

también puede borrar toda su
información de pago almacenada y su

tiendas favoritas, especialmente en
las tiendas en línea, de modo que no
puede simplemente hacer clic para

orden. Establece algunas barreras y
haz que te sea difícil dar impulso.

compras.

Configure algunos recordatorios
visuales

Utilice recordatorios visuales como símbolos de cualquier experiencia o algún objeto o

imágenes de algo para lo que está ahorrando, como un bolso de diseñador, una casa nueva,

un coche mejor o unas vacaciones. Una pequeña cantidad de dinero que puede ahorrar cuando

mantenerse dentro de su presupuesto puede ser una gran cantidad de efectivo cuando se acumula.

Mantenga siempre los recordatorios visuales al centro y al frente, para que pueda concentrarse más sobre los grandes beneficios de mantenerse dentro de su presupuesto.

Tenga en cuenta que un presupuesto no es un obstáculo ni una barrera ni una celda de prisión

eso lo mantiene alejado de su propio dinero. Considéralo siempre como una herramienta

que puede utilizar para asegurarse de que todavía tiene algunas cantidades de dinero

gastado en algunas cosas más importantes de su vida.

Conclusión

Si estás pensando en armar tu armario, siempre quieres moda.

ropa que se adapta a tu estilo de vida, revela tu personalidad, favorece tu figura

y acentúa tu hermoso físico. Sin embargo, mantenerse a la moda y

ponerse de moda puede ser un esfuerzo muy costoso, ya que las nuevas tendencias siempre

Los artículos emergentes y elegantes de calidad pueden ser bastante costosos.

Pero eso no significa que no puedas lucir lo mejor posible. La clave principal para

vestirse bellamente y a la moda es encontrar moda barata que

no dañará tu bolsillo.

Alejandro García